AF452247

DE LA CHARITÉ

QU'ON DOIT EXERCER
ENVERS LES PAUVRES
ENFANS-TROUVEZ.

DEDIÉ

A MADAME

LA PRINCESSE,

LEUR PROTECTRICE.

Par un Séculier.

A PARIS,
Chez L. V. THIBOUST,
ET
PIERRE ESCLASSAN, Imprimeur
ordinaire de l'Université,
vis-à-vis le Collège Royal.

M. DCC. VI.
AVEC PERMISSION.

A
SON ALTESSE SERENISSIME
MADAME
LA PRINCESSE.

MADAME,

Les soins admirables que

EPISTRE.

VOSTRE ALTESSE
SERENISSIME *se donne
tous les jours de travailler à la Subsistance & à
l'Education des Pauvres
Enfans-Trouvez, sont au-
tant de marques éclatan-
tes du zéle qui anime une
Princesse veritablement
Chrestienne. Il arrive souvent que les pompes &
les magnificences mondai-
nes sont de grands obsta-*

cles à la vertu, & qu'on pense peu au soulagement des Pauvres parmi les délices de la Cour. Mais quand à travers l'éclat de tant de Grandeurs qui vous environnent, MADAME, on vous voit plûtost fixer vos regards sur les miserables que sur ces vanitez passageres ; Vous portez dés-lors le caractere de vôtre prédestination, que vous

ã iij

EPISTRE.

insinuez dans le cœur de tant de Dames Illustres, qui se font un bonheur de vous imiter & de vous suivre. Le choix qu'elles ont fait à l'exemple de VOSTRE ALTESSE SERENISSIME, de s'appliquer particulierement à secourir ces Enfans abandonnez, est le plus judicieux & le plus solide que la Charité puisse jamais ſuggerer , puiſqu'il faut convenir que de toutes les aſſiſtances qu'on fait aux Pauvres , il n'y en a point de plus agréable à Dieu, ni qui ſoit plus neceſſaire, que celles qu'on procure à ces malheureux Enfans. C'eſt ce que VOSTRE ALTESSE SERENISSIME verra ſi Elle daigne jetter les yeux ſur ce petit Ouvrage , que la pitié &

EPISTRE.

la compaſſion ont inſpiré
à celuy qui eſt avec un
très-profond reſpect ,

MADAME,

DE VôTRE ALTESSE SERENISSIME,

Le très.humble & très-
obéiſſant ſerviteur,
* * * *

AVERTISSEMENT.

LA necessité pres-
sante & l'incom-
modité des lieux é-
troits où les Pauvres
Enfans-Trouvez sont
reduits, ont obligé de
travailler à cet ouvra-
ge, pour exciter la
charité des Fidéles à
les soulager ; on a crû

A

que rien ne pouvoit
toucher plus vive-
ment leurs cœurs, que
d'expofer d'abord à
leurs yeux l'Innocen-
ce de ces Enfans qui
naiffent malheureux
& abandonnez, fans
avoir rien contribué à
leurs malheurs, & que
l'Inhumanité des Pe-
res & Meres qui les
expofent avec tant de
dureté, eftoit un fpé-

ctacle digne de commisération & de pitié; c'est ce qui compose les deux premiers Chapitres de cet ouvrage. On fait voir dans le troisiéme les Soins merveilleux de la Providence , qui suscite des Ames charitables à les assister. Et on a crû qu'il estoit necessaire dans le quatriéme de faire connoiſtre au Public la bonne Education qu'on leur donne, & la ſage & fidéle adminiſtration des chari-tez qu'on leur fait, pour l'obliger à répã-dre ſes aumônes avec plus de confiance & de ſureté. Le cinquié-me chapitre explique l'Obligation indiſ-penſable de les ayder, parce qu'on feroit

coupable devant Dieu
de tant de morts fu-
nestes , que des Meres
dèsesperées leur pour-
roient causer , si elles
ne trouvoient point
d'azile pour leurs mi-
serables Enfans. On
a fini ce petit ouvrage
par le Bonheur qui
arrivera sans doute à
ceux qui contribuë-
ront à soûtenir un si
saint Etablissement ,

A iij

& par un Exercice
solide de Pieté, que
les personnes qui veu-
lent travailler à leur
Salut sont invitées de
suivre & de pratiquer
avec fidélité.

DE LA CHARITÉ
QU'ON DOIT EXERCER
ENVERS LES PAUVRES
ENFANS-TROUVEZ.

CHAPITRE I.

De l'Innocence des Enfans-Trouvez.

L'Innocence des Enfans exposez est un pressant motif pour engager

A iiij

les personnes charita-
bles à les soulager.
Rien ne touche si sen-
siblement le cœur, que
de voir un innocent
affligé , qui n'a rien
contribué au triste
état où il se voit si
miserablement réduit.
Quand un homme
s'attire luy-même ses
disgraces par sa mau-
vaise conduite, on re-
garde en luy les justes

chastimens de Dieu ; mais quand on voit une personne inno-cente souffrir des pei-nes qu'elle n'a jamais meritées, on ressent dans son cœur une tendresse naturelle, les entrailles de la mi-sericorde se trouvent toutes émûës, & un secret penchant nous porte à la soulager. Il n'y a que des Ames dures & réprouvées, qui ne sont pas susceptibles de ces premiers mouvemens que Dieu a imprimés dans le cœur de tous les hommes ; heureuse est l'Ame qui les ressent, c'est une des plus fortes marques de sa predestination.

L'innocence de la personne affligée & l'impuissance où elle

est réduite , font deux
bouches éloquentes
qui parlent en sa fa-
veur , leur persuasion
est vive & pénétran-
te , l'innocence tou-
che, l'impuissance cõ-
traint à soulager ceux
que nous voyons in-
nocens dans eux-mê-
mes , & privez des se-
cours necessaires à la
vie : Voilà l'heureuse
situation où la Grace

disposé nos cœurs , quand nous voyons souffrir nos freres , & que nous sommes persuadez de leur innocence & de leur misere.

Or de toutes les créatures qui naissent sur la terre, en peut-on trouver de plus innocentes , ni de plus dénuées de tout secours, que les pauvres

Enfans-Trouvez? En-
core qu'ils foient con-
çûs dans le peché , &
qu'il femble que leurs
Meres ne les ayent
mis au monde que
comme des fruits d'i-
niquité ; ils naiffent
pourtant innocens ,
parce que la loy ne
veut pas que l'enfant
porte le peché du pe-
re , puifqu'il n'a rien
contribué à fes dèfor-

dres ni à ſes déregle-
mens.

Les Juifs ſe plai-
gnoient autrefois que
leurs Peres avoient
mangé la manne dans
le déſert, & qu'ils ſu-
portoient la peine de
leurs crimes, le Pro-
phete les reprend avec
force, & les aſſure qu'il
n'y a que l'ame du pe-
cheur qui perira, &
que les iniquitez

estoient personnelles,
elles ne passent point
du pere au fils, & ne
remontent point du
fils au pere.

Cependant il se
trouve que ces En-
fans abandonnez tout
innocens qu'ils sont,
ne laissent pas de souf-
frir la peine des désor-
dres de leurs parens ;
ils portent sur leurs
fronts la honte de

leur naiſſance , & ſont tous les jours expoſez à des réproches ſanglans, la Loy même les traite avec rigueur, puiſqu'elle les prive de leurs ſucceſſions , & qu'ils ſe trouvent ſur la terre ſans parens , ſans aziles , & ſans aſſiſtances.

Dans cet état malheureux, ils n'ont pour toutes conſolations

que celle de leur in-
nocence ; c'eſt elle qui
les ſoutient , & parmy
tant de maux qui les
accablent , l'unique
ſoulagement qu'ils
trouvent, eſt celuy de
n'avoir rien contribué
à leurs funeſtes deſti-
nées.

L'innocence de ces
Enfans eſt donc un
puiſſant motif pour
exciter les perſonnes

de pieté à leur procu-
rer les ſoulagemens
neceſſaires, & l'im-
puiſſance où ils ſont
réduits qui les prive
de toutes ſortes de ſe-
cours, doit toucher
vivement le cœur,
pour ne pas laiſſer pé-
rir miſerablement ces
petites créatures in-
nocentes, que Dieu
n'expoſe à nos yeux
dans un état ſi déplo-

rable, que pour nous toucher de compaſ- ſion, & pour operer noſtre Salut en les ſou- lageant.

Ce ſont des occaſions favorables que la Miſericorde nous preſente, c'eſt à nous à les bien ménager, & à ne nous point at- tirer en les réjettant le funeſte arreſt de nôtre condamnation.

PRIERE.

Seigneur, qui estes venu sur la terre comme un Enfant abandonné, reduit dans une pauvre étable, privé des secours & des assistances neces-saires à un âge si tendre, regardez avec compassion l'innocence de ces Enfans exposez; éclairez de vos lumieres celestes les

Riches & les Pauvres même pour les venir ſoulager dans leur berceau ; Faites leur conſiderer voſtre Divine Perſonne dans celles de ces miſerables Enfans, & écoutez, s'il vous plaît, les priéres que vous feront ces bouches innocentes pour ceux qui auront la charité de les ſoulager.

CHAPITRE II.

De l'Inhumanité des Peres & Meres.

L'Inhumanité des Peres & Meres qui exposent leurs Enfans avec tant de rigueur, est encore un puissant motif pour engager les personnes charitables à leur pro-

curer les assistances
necessaires : En effet
se peut-il trouver un
spectacle plus tou-
chant, ni qui perce
plus fortement le
cœur, que de voir un
malheureux Enfant
sortant du sein de sa
Mere désolée, exposé
pendant une nuit te-
nebreuse à la rigueur
des saisons, tout nud,
sans secours & sans

affiſtance , & qui ne doit ſouvent ſon ſalut qu'aux foibles cris qui ſortent de ſa bouche & aux larmes qui coulent de ſes yeux ; ſe peut-il trouver des ames aſſez dures pour n'eſtre pas pénétrées d'une juſte compaſſion ? c'eſt ce qu'on ne peut pas s'imaginer.

Auſſi l'on voit ordinairement que ceux qui

qui les découvrent
dans un état si pitoya-
ble, sont frappez de
douleur à la vûë d'un
spectacle si touchant,
& en même temps se
trouvent saisis d'hor-
reur contre une inhu-
manité si cruelle, cha-
cun s'éleve contre cet-
te dureté impitoyable
& s'empresse à soula-
ger ces foibles créatu-
res ainsi réduites entre

C

les bras de la mort, si
par un prompt se-
cours, & par de cha-
ritables soins on ne
leur conserve un reste
de vie.

Comment pouvez-
vous, Meres barba-
res & cruelles, ou-
blier le fruit de vos
entrailles ? ces enfans
naissent à la verité
contre vos vœux, mais
du moment qu'ils sont

nez , la nature vous oblige à les aimer. Vous ne pouvez pas vous empêcher de fentir vos entrailles émûës , voftre cœur fe trouve attendri à la vûë de ce miferable Enfant, la compaffion vous touche , vous répandez des larmes , & vous ne pouvez pas vous empêcher de donner des baifers in-

C ij

nocens à une portion
de vous-même. La
nature parle alors tou-
te seule; mais un cruel
point d'honneur se re-
presente à vostre ima-
gination égarée, vô-
tre esprit se trouble, la
raison est bannie, une
funeste horreur se sai-
sit de toutes les par-
ties de voftre ame,
vous ne vous connoif-
fez plus, l'honneur

vous fait oublier la
nature. Dans cette
confuſion terrible ,
vous vous déterminez
enfin, pour cacher vô-
tre crime , ou à per-
dre ce miſerable En-
fant , ou à l'expoſer.
Heureux quand il é-
chape à ce premier
deſeſpoir ; malheu-
reux quand il tombe
dans le ſecond , ce
n'eſt plus que pour

traîner une vie lan-
guissante, chargée de
miseres & d oppro-
bres.

Ce déplorable état
où ces Filles infortu-
nées se trouvent ré-
duites, doit obliger
plus étroitement cel-
les qui vivent dans la
chasteté, d'estre seure-
ment attentives sur
leur conduite, afin de
ne se point engager

dans des extremitez si funestes, ou d'estre parricides en causant la mort à leurs Enfans, ou dénaturées en les abandonnant.

Si cet état pitoyable touche si sensiblement les gens du vulgaire, & si l'horreur qu'ils ont de l'inhumanité des Peres & Meres, les oblige à soula-ger de toutes leurs

forces ces malheu-
reux Enfans expofez;
quelle impreffion ne
doit-il pas faire dans
le cœur des perfonnes
élevées , que la Provi-
dence a prépofez par
les grands biens qu'el-
le a fi liberalement
verfez dans leurs mai-
fons pour en eftre les
difpenfateurs, & pour
les répandre dans le
fein des Pauvres ? il

faut qu'elles reparent
par une bonté & par
une tendreſſe charita-
ble envers ces En-
fans, la dureté que
leurs Peres & Meres
ont eûë pour eux, &
qu'elles leur faſſent
oublier leurs mal-
heurs par les libera-
litez qu'elles leur fe-
ront, & par les ſoins
qu'elles prendront
pour leur ſubſiſtance.

PRIERE.

Seigneur, qui avez préservé voſtre Fils de la cruauté du Tyran, qui vouloit le comprendre dans le maſſacre cruel des Innocens, préſervez auſſi ces malheureux Enfans de l'inhumanité barbare de leurs Peres & Meres, qui pour ménager une fauſſe pudeur, leur donnent

souvent la mort par
tant de moyens hon-
teux & criminels; afin
qu'échapez de tant de
perils, ils en conſer-
vent une reconnoiſ-
ſance éternelle , &
qu'ils commencent à
chanter vos loüanges
en ſortant du ſein de
leurs Meres , puiſque
vous tirez voſtre gloi-
re de la foible bouche
des Enfans.

CHAPITRE III.

Des Soins de la Providence.

LES soins mer-
veilleux que la
Providence   prend
tous les jours pour
fournir à la subsistance
des Hommes , semble
éclater   d'avantage
dans ceux qu'elle se
donne pour conserver

&

& nourrir les Pauvres Enfans expofez. L'in-humanité des Peres & Meres qui les aban-donnent, engage Dieu à devenir luy-même leur azile & leur fe-cours. Il veille fur ce petit troupeau com-me un Pafteur fidéle, il le prend fous fa gar-de & le tient fous fa protection ; c'eft fans doute pour eux qu'il a

D

dit que ce qu’on feroit
au moindre des siens,
il le tiendroit comme
fait à luy-même.

Aussi l’on voit dans
ces Enfans l’image
sensible de son Fils
abandonné aux dou-
leurs & aux miseres
de cette vie. Les ani-
maux , dit l’Ecriture,
ont leurs taniéres , &
la Tourterelle son nid,
pour y prendre leur

repos , & le Fils de l'Homme n'a pas dequoy repofer fa tefte : Voila l'état pitoyable de ces Enfans abandonnez.

Il femble que les Animaux foient en naiffant plus heureux que l'Homme, la nature prévoyante leur donne ou la force pour aller d'abord chercher les alimens neceſſaires , ou l'amour infatigable des Peres & Meres pour les échauffer, pour les nourrir & pour les défendre , au lieu que l'Homme naît ſans inſtinct , ſans force & ſans ſecours. Dieu a ainſi voulu abandonner l'homme à l'homme, pour luy faire meriter le Ciel par la Charité qu'il exerce envers ses petites créatures ; quand il est assez dénaturé pour y manquer, Dieu suscite des Ames fidéles pour en prendre soin.

Il n'exposa autrefois Moyse sur les eaux, & ne fit trouver la Fille de Pharaon sur les bords du Nil, que pour donner à toute la terre un exemple éclatant des

ſoins de ſa Providence
envers ces Enfans ſi
impitoyablement dé-
laiſſez ; il employe ſes
créatures pour execu-
ter ſes deſſeins. Qu'-
heureuſe eſt l'Ame
qui ſert d'inſtrument
à ſa Providence, de
canal à ſes benedi-
ctions, & qui occupe
ſes mains liberales à
diſtribuer le pain aux
Pauvres !

Les Naturaliſtes re-
marquēt que les œufs
de l'impitoyable Au-
truche qui les aban-
donne dans le déſert,
ſõt couvez par d'autres
animaux qui les font
éclore; que les Cor-
beaux délaiſſez dans
leurs nids ſe nourriſ-
fent des moucherons
qui les environnent,
& que les beſtes ont
ſoin de celles qu'elles

trouvent abandon-
nées. Si des animaux
font ainfi touchez par
une efpéce de pitié,
quelle commiferation
ne doivent pas avoir
des Chreftiens pour
les Enfans expofez,
qui fe trouvent ainfi
fans affiftance & fans
fecours? ne doivent-
ils pas reparer par leur
pieté l'inhumanité de
leurs Peres & Meres

qui les abandonnent ?

Ne laiſſons pas écha-
per ces momens pré-
tieux que Dieu nous
preſente pour operer
noſtre Salut , laiſſons
nous toucher à des ob-
jets ſi tendres , & ſi les
larmes qui coulent de
leurs yeux , & l'aban-
donnement général
où ils ſont, ne frappent
point noſtre cœur ,
prenons bien garde

que ce ne soit une
marque de noftre ré-
probation. Il fallut au-
trefois frapper la pier-
re pour donner de
l'eau, mais quand elle
fut frappée elle en
rendit en abondance.
Imitons au moins cet-
te pierre obéïffante,
quand Dieu nous tou-
che repondons à fa
grace , verfons des
eaux en abondance,

& répandons liberale-
ment nos biens fur ces
pauvres créatures.

Quelle confolation
ne doit pas avoir une
Ame fidéle, d'avoir
contribué avec Dieu à
la confervation de la
vie de ces miférables
Enfans, d'avoir eû
l'honneur d'eftre affo-
ciée à la Providence ?
quelles benedictions
ne doit-elle pas atten-

dre fur elle-même &
fur fa famille; quelle
efperance ne doit-elle
pas avoir en fa bonté
pour obtenir le par-
don de fes fautes, puif-
que fi nous fommes
mifericordieux, il nous
fera mifericorde?

PRIERE.

Seigneur, qui fûtes
autrefois touché de
compaffion en faveur
du peuple qui avoit
fuivy

suivi voſtre Fils dans le déſert , & qui luy fournîtes en abondance les alimens neceſſaires, de crainte qu'il ne tombaſt en défaillance dans le chemin; Reſſouvenez-vous de vos anciennes bontez, jettez vos yeux de compaſſion ſur cesEnfans abandonnez, qui periront de faim & de miſere en cette vie , ſi

vôtre Providence n'en
a soin, & si vous n'ex-
citez dans les cœurs
des sentimens de ten-
dresse pour les soula-
ger dans leur pauvre-
té, & une charité per-
severante pour veiller
à leur éducation.

CHAPITRE IV.

De l'Education des Pauvres Enfans-Trouvez.

IL ne suffit pas de contribuer à la subsistance de ces pauvres Enfans, il faut aussi travailler à leur donner une bonne éducation, autrement la vie leur seroit à

charge, s'ils ne s'effor-
çoient par de bonnes
mœurs d'éfacer la ta-
che de leur naiſſance.

Il ſemble même qu'il
faille s'occuper à les
élever avec plus de
ſoins que les autres
qui ſont ſoûtenus par
leurs naiſſances légi-
times, par leurs pa-
rens & par leurs biens,
au lieu qu'étant pri-
vez de tout ſecours,

il faut qu'une bonne
éducation leur tienne
lieu de toutes choses,
& qu'elle repare ce
que la naiſſance, les
parens & les biens leur
auroient pû procurer.

C'eſt auſſi à quoy
travaillent ſans relâ-
che tant d'Illuſtres
Perſonnes, qui ſont
continuellement at-
tentives ſur la condui-
te de ceux qui ſont

prépofez pour les éle-
ver. La joye qu'ils en
reffentent eft de trou-
verdes miniftresfideles
qui repondent à leurs
bonnes intentions, qui
donnent toutes leurs
applications pour les
inftruire des veritez
Chreftiennes ; & de
Saintes Filles qui font
fans cefle attachées à
leur rendre toutes les
affiftances fpirituelles

& corporelles avec un zéle admirable & une charité veritablement chrestienne.

Rien n'est plus édifiant, que d'assister à leurs instructions; rien de plus consolant, que de trouver parmy ces pauvres Enfans des Gens capables de rendre service au Prince & au public ; rien de plus aimable , que de voir leur modestie, leur retenuë & leur sobrieté dans les alimens qu'on leur distribuë sur une table commune. Ils commencent par la Benediction des choses qu'il plaist à la Providence leur donner. Un des Enfans fait une lecture spirituelle pendant le repas ; ils le finissent par des Actions de Graces qu'ils rendent à Dieu, & par une Priere fervente pour leurs Bienfa-cteurs. Il est bon que le public soit instruit de cette conduite charitable, & de la sage économie de ces Mai-sons.

Ces malheureux En-fans ne sont pas plû-tost exposez, qu'on les reçoit amoureuse-

ment , on les remet
aussi - tost entre les
mains de Nourrices
choisies ; on les éleve
avec soin jusqu'à l'âge
qu'ils puissent estre in-
struits dans la Reli-
gion , dans la lecture
& dans l'art d'écrire.
Quand ils sont parve-
nus à l'adolescence ,
on examine leurs for-
ces & leurs disposi-
tions naturelles , on

consulte leur inclina-
tion pour les former
au travail de la cam-
pagne, ou pour leur
faire apprendre des
Arts & Métiers.
Quand ils les ont ap-
pris, on cherche à les
pourvoir, & pour soû-
tenir leurs établisse-
mens, on leur distri-
buë de petites sommes
proportionnées au
fond qui provient de

la charité des Fidéles,

Voila quelle eſt l'é-
conomie   judicieuſe
qui s'obſerve dans ces
ſaintes Maiſons , qui
doit ſervir d'un motif
puiſſant   pour aug-
menter les liberalitez
& les aumônes , lorſ-
qu'on voit que l'uſage
fidéle qu'on en fait a
des fins ſi ſaintes &
ſi élevées. Il y a un
ordre dans la charité
Chrê-

chreſtienne qu'il faut neceſſairement ſuivre; plus les beſoins ſont preſſans , plus on y doit apporter de ſe-cours.

Comme l'éducation des Enfans eſt la pre-miere & principale obligation qu'il faut neceſſairement rem-plir, parce qu'elle for-me une ſeconde natu-re qui purge les dé-

F

fauts de la premiere; Meſſieurs les Adminiſtrateurs qui en connoiſſent l'importance, s'y attachent particulierement. Tous ceux qui y contribuent entrent dans la participation des mérites qu'une ſi noble charité opere devant Dieu.

Si les Peres de famille veulent attirer ſur l'éducation de

leurs propres Enfans
la Benediction du
Ciel , il faut qu'ils
cooperent à celle des
Enfans expofez ; Dieu
benira les foins qu'ils
prennent , & les gran-
desdépenfesqu'ilsfont
pour bien élever les
leurs ; quand ils con-
tribuëront à celle de
ces Enfans , qui font
fous fa Providence.
C'eft à eux à faire fur

F ij

cela de solides réfle-
xions.

PRIERE.

Seigneur, qui prenez
un soin si exact de tou-
tes les créatures , qui
donnez aux animaux
l'instinct pour se con-
duire , & qui confiez
aux Peres & Meres la
bonne éducation de
leurs Enfans , ne dé-
laissez pas ces pauvres

abandonnez , qui
n'ayant ni instinct ni
Pere , ni Mere , ni
moyens pour s'élever,
se trouveroient plus
malheureux que les
animaux mêmes , ils
n'ont point sur la ter-
re d'autres ressources
que celles de vostre
Providence ; Prenez
soin, Seigneur, de leurs
éducations, élevez-les
dans vostre crainte, &

inspirez à ceux qui ser-
vent d'instrument à
vosdécretsle zélepour
les bien instruire, &
la charité pour les
soulager.

CHAPITRE V.

De la Necessité de soulager
les Enfans-Trouvez.

C'Est une loy na-
turelle & Evan-
gelique de faire necef-

fairement l'aumône, celuy qui laiſſe perir le Pauvre ſans le ſecourir devient un Fratricide. Le Riche n'eſt condamné dans l'Ecriture, que pour n'avoir pas ſoulagé le Lazare, & le Fils de Dieu ne prononce l'Arreſt general de condamnation, que contre ceux qui n'auront pas aſſiſté leur

frere.   Ceux qui ne
font pas l'aumône, &
qui le peuvent faire,
doivent compter sur
leur reprobation, ceux
qui la font & qui me-
nent une vie réglée,
entendront un jour
ces aimables paroles :
Venez, les bien-aimez de
mon Pere ; j'avois faim,
vous m'avez donné à man-
ger ; j'avois soif, vous
m'avez donné à boire ;

j'eſtois nud, vous m'avez
reveſtu, & le reſte. Ve-
nez poſſeder le Royaume qui
vous eſt preparé. Voila
en abregé noſtre dé-
voir & noſtre obliga-
tion principale. Pen-
ſons-y-bien.

Il eſt certain que de
toutes les charitez la
plus neceſſaire eſt
celle qu'on doit faire
aux Pauvres Enfans-
Trouvez, parce qu'ils

en ont plus de besoin
& qu'ils sont plus ex-
posez que les autres
à perir malheureuse-
ment. Ce secours cha-
ritable empèche sou-
vent que leurs Meres,
séduites & aveuglées,
ne leur cause une fu-
neste mort , parce
qu'elles ont la conso-
lation dans ce triste
état où elles sont ré-
duites , que des per-

fonnes charitables en auront foin. Si on leur oftoit cette efperance après le malheur qui leur eft arrivé, on les jetteroit dans le défefpoir & dans la dure extremité de les perdre; c'eft un grand fujet de crainte à ceux qui font en état de les foulager, d'eftre coupables devant Dieu de ces crimes énormes,

quand ils ne les affi-
stent pas ; quel mal-
heur pour l'Eglife &
pour l'Etat, de voir
ainfi miferablement
perir fouvent fans Ba-
ptême des Enfans de-
ftinez pour le Ciel &
pour le fervice du
Prince & de la Répu-
blique !

Il ne faut pas qu'on
s'imagine que les Re-
traites qu'on donne à

ces

ces pauvres Enfans, servent de moyens pour favoriser les débauches. Ces miserables Filles abusées ne pensent guere à ces aziles dans ces perilleux momens de la fragilité humaine ; mais quand ces malheurs leur sont arrivez, agitées par les mouvemens furieux que l'honneur & la

G

crainte excitent en el-
les, la plûpart pren-
droient le party de
leur ravir le jour, si
elles ne pensoient pas
à ces retraites chari-
tables, si saintement
établies pour conser-
ver la vie à leurs En-
fans.

C'est ce qui fait
voir la necessité abso-
luë de soûtenir par les
aumônes des établis-

femens si judicieux &
si utiles, dans la juste
crainte de tomber
tous les jours dans des
pertes si douloureuses
à l'Eglise, & si préju-
diciables à l'Etat.

Cependant il se
trouve plusieurs per-
sonnes qui font diffi-
culté de faire des libe-
ralitez de leur vivant
ou après leur mort à
ces pauvres Enfans,

dans l'opinion ridicu-
le qu'elles jetteroient
des soupçons sur leur
conduite, & qu'on ne
croye qu'il y a quel-
ques raisons particu-
lieres qui les obligent
à faire ces sortes de
liberalitez. Peut-il en-
trer dans l'esprit une
plus foible crainte ; il
la faut regarder com-
me un artifice du De-
mon qui s'oppose toû-

jours au bien qu'on
veut faire? Peut-on
apprehender pour sa
réputation quand on
agit pour Dieu, c'est
à nous à faire noſtre
dévoir, c'est à luy à
conſerver noſtre hon-
neur? Suzanne mit ſa
confiance en luy, il
prit ſoin de faire con-
noiſtre ſon innocence.

Si on s'abandon-
noit à de ſi foibles

craintes, il faudroit interdire toutes les bonnes œuvres, il n'y en a point que la malignité ne corrompe ; Faisons tout en vûë de Dieu, & ne craignons point la calomnie des hommes ; c'est de luy de qui nous attendons nostre recompense, & non pas d'une vaine estime qui s'efface de la mémoire, & qui s'enfevelit dans un oubly éternel.

Quand nous agif-fons en vûë des hom-mes, nous avons reçû noftre récompenfe, tout eft perdu. Si nous ne pratiquons pas de bonnes œuvres, de peur que ces hommes infidéles les altérent, nous fommes des in-fenfez, femblables à de petits Enfans qui souvent ne veulent pas faire les choses salutaires qu'on leur commande, de crainte de s'attirer des railleries pueriles & imaginaires. Il faut que ceux qui sont frappez de l'apprehension qu'en faisant l'aumône aux pauvres Enfans abandonnez, cela ne donne atteinte à leur réputation, ayent

une veritable compaſ-
ſion d'eux-mêmes, de
ne pas faire un ſi grand
bien ſur une timidité
ſi foible & ſi ridicule.

PRIERE.

Diſſipez, Seigneur,
ces vaines craintes,
que l'amour propre
engendre dans le
cœur de ces perſon-
nes timides. Décou-
vrez leur-en les ſuites
funeſtes. Faites-leur

connoiſtre la neceſſité indiſpenſable de ſoulager ces pauvres En-
fans, & faites-leur ſen-
tir dés-à-preſent la
douleur mortelle qu'-
elles auroient un jour
de leur avoir cauſé la
mort en ne les aſſiſtant
pas, & le bonheur ce-
leſte dont elles joüi-
ront pour leur avoir
conſervé la vie en les
ſoulageant.

SIXIEME ET DERNIER

CHAPITRE.

Du Bonheur qui arrive à ceux qui soulagent les Pauvres Enfans-Trouvez.

IL n'y a peut-estre point de moyens plus asſurez pour attirer ſur une famille les benedictions du

Ciel, & pour operer noſtre Converſion & noſtre Salut, que la Charité qu'on exerce envers les pauvres Enfans-Trouvez, parce qu'on y voit une image ſenſible des foibleſſes & des infirmitez humaines, qui nous font faire un retour ſérieux ſur nous-mêmes, & travailler à noſtre gueriſon.

Il

Il faut convenir de
bonne foy qu'il n'y a
persõne qui ne ressen-
te dans luy-même la
loy de la chair, qui
livre continuellement
des assauts dangereux
à l'esprit. L'Apostre
même n'en fut pas e-
xempt ; Dieu permet
ces tribulations pour
nous humilier, peu de
gens échapent à cet
écueil de l'infirmité

humaine, on ne diffe-
re que du plus ou du
moins.

Comment peut-on
mieux reparer ces foi-
bleſſes, & faire un ſa-
crifice plus agréable
à Dieu, que de contri-
buer à la ſubſiſtance
de ces pauvres En-
fans, dans leſquelles
nous voyons le ta-
bleau de nos propres
miſeres ? La compaſ-

sion que nous avons
pour eux nous fait
avoir compassion de
nous-mêmes. Nos dé-
sordres se representent
tent à nostre imagina-
tion, & nous obligent
de repasser dans l'a-
mertume de nostre
Ame sur les dérégle-
mens de nostre vie.
Heureux est celuy à
qui Dieu touche le
cœur, qui conçoit de

la douleur de ses fautes, à la vûë de ces Enfans exposez, & qui efface ses pechez en les assistant.

Ce ne sont pas icy des aumônes indiscretes & éclatantes, dans lesquelles l'amour propre & la vanité ont souvent le plus de part. Ce sont des charités secretes & judicieuses qu'on fait dans

la vûë de ſes iniqui-
tez ; touché de ſes
propres miſeres , &
dans la confuſion ſa-
lutaire qu'on a de ſoy-
même , le cœur péné-
tré de douleur, & dans
l'abbatement d'un eſ-
prit contrit & humi-
lié, on va faire un Sa-
crifice au Seigneur.
Trop heureux s'il le
veut bien recevoir ,
trop malheureux s'il le
réfuſe. H iij

Plusieurs personnes s'imaginent que Dieu leur est fort obligé, quand elles luy ont fait quelques legéres offrandes, qu'elles font distinguées du reste des hommes, comme le Pharisien, quand elles distribuent quelques assistances aux Pauvres. Tremblons en donnant, & prions Dieu d'agréer ce que nous luy offrons, nous ne lui donnons rien, puis- que tout luy appar- tient; cependant par une bonté infinie, il l'accepte comme si la chose nous apparte- noit.

Ainsi quand nous voudrons donner à ces pauvres Enfans, & que Dieu voudra bien le recevoir, ré-

joüiſſons-nous , & re-
mercions-le du moyen
ſalutaire qu'il nous
preſente pour guerir
nos playes , & nous
rendre la ſanté.

Il y a une pratique
de Piété , & peut-eſtre
la plus ſolide qu'on
puiſſe jamais exercer,
qu'on eſpere moyen-
nant Dieu , qui ſera
ſuivie de pluſieurs
perſonnes. Cette pra-

tique confiste à aller
fouvent dans les lieux
facrez , deftinez au
culte que rendent à
Dieu ces Ames inno-
centes , & là dans la
vûë de nos défordres,
que portent fur leurs
perfonnes ces malheu-
reux Enfans , rapel-
ler dans fa mémoire
les égaremens de la
jeuneffe, fe profterner
devant Dieu comme

des victimes de sa co-
lere, le prier de dé-
tourner de deſſus nous
les fleaux de ſa Juſti-
ce, prendre des réſo-
lutions genereuſes de
vivre dans la conti-
nence, & pour effacer
tant de pechez ſe ré-
pandre en aumoſnes
& en charités, puiſque
c'eſt le ſeul moyen
qui reſte au pecheur
pour effacer ſes déſ-

ordres. Mais pour le
faire liberalement on
n'a qu'à se ressouvenir
des profusions & des
dépenses excessives
qu'on a faites pour
satisfaire ses infames
passions. Et si rien ne
coustoit alors pour se
perdre, rien ne doit
aussi couster pour se
sauver.

Si vous pratiqués
ce conseil salutaire

sincerement, & dans un esprit de componction, vous reconnoî-trés par une experience sensible, que Dieu pour vous récompen-ser éteindra en vous les flammes brûlantes de la concupiscence, vous sentirés vos passiõs amorties, la chasteté qui vous avoit paru difficile, vous deviendra facile & agré-

able , & vous aurez
horreur de la moin-
dre impudicité. Si
vous estes dans un é-
tat libre, il vous don-
nera la pureté & vous
procurera d'heureux
établissemens, si vous
estes engagé dans le
Mariage, il vous in-
spirera une sage con-
tinence,&quand vous
aurez soin de ces pau-
vres Enfans , soyez

I

persuadé qu'il aura soin des voftres , & qu'il verfera fur vos familles toutes fortes de benedictions.

PRIERE.

Répandés, Seigneur, vos graces fur ce petit ouvrage , qui n'a efté fait que pour vôtre gloire , & pour la fanctification du prochain, faites que ceux qui le liront en foient vivement penetrés : élevez jufqu'à voftre trône comme un par- fum précieux , les Prieres ardentes qu'ils vous feront ; exaucez les , ô mon Dieu , re- cevez les offrandes qu'ils vous feront dans un efprit humilié , confolés , Seigneur , & confervés ces pau- vres Enfans ; faites fubfifter & augmentés

les lieux sacrés, que
vous leur avez si a-
moureusement desti-
nez ; alumez de plus
en plus dans le cœur
de la Princesse Augu-
ste qui les protege, &
dans les Personnes Il-
lustres qui l'imitent,
les ardeurs d'une ve-
ritable charité ; jettés
vos yeux de miseri-
corde sur la famille
de celuy à qui vous

avez inspiré ces sen-
timens de pieté & de
compaſſion ; faites de
ces propres Enfans
des ſaints, & récom-
penſez d'une gloire
immortelle ceux qui
contribueront à la
ſubſiſtance & à l'édu-
cation des pauvres
Enfans-Trouvez.

Ainſi ſoit - il.

Permis d'imprimer ce 20. Sept. 1705.
M. R. DE VOYER D'ARGENSON.